Carla M. Massareto
Humberto E. Massareto

Han?
**Guia rápido e prático
para falar em público**

Carla M. Massareto
Humberto E. Massareto

Han?
Guia rápido e prático para falar em público

DVS Editora Ltda
www.dvseditora.com.br

Han? Guia rápido e prático para falar em público

Copyright© DVS Editora 2006

Todos os direitos para a língua portuguesa reservados pela editora.

Nenhuma parte dessa publicação poderá ser reproduzida, guardada pelo sistema "retrieval" ou transmitida de qualquer modo ou por qualquer outro meio, seja este eletrônico, mecânico, de fotocópia, de gravação, ou outros, sem prévia autorização por escrito da editora.

Projeto Gráfico: Humberto Emílio Massareto
Edição eletrônica: Humberto Emílio Massareto
Ilustração Capa: Domênico Massareto
Fotos: Domênico Massareto
Revisão: Revis'Art Assessoria Editorial

Dados Internacionais de Catalogação na Publicação (CIP)
(Câmara Brasileira do Livro, SP, Brasil)

Massareto, Carla M.
   Han? : guia rápido e prático para falar em público / Carla M. Massareto, Humberto E. Massareto. -- São Paulo : DVS Editora 2006

   Bibliografia.
   ISBN 85-88329-26-3

   1. Falar em público 2. Oratória I. Massareto, Humberto E.. II Título.

06-0260   CDD-808.51

Índices para catálogo sistemático:
1. Arte em falar em público : Retórica 808.51
2. Falar em público : Retórica 808.51

À minha família, o público mais exigente
e agradável para o qual já falei,
e ainda pretendo falar por muito tempo.
Carla M. Massareto

À minha mãe, que me ensinou a falar.
Ao meu pai, que me ensinou o que falar.
Aos meus filhos, que me ensinaram a ouvir.
A FAAP, um canal para a minha voz chegar muito longe.
Humberto E. Massareto

Índice

Introdução Carla 11

Introdução Humberto 15

Antes de mais nada 19

Parte 1: 10 grandes mitos sobre como falar em público .. 23
Mito 1: Eu não sei falar em público 25
Mito 2: Não fale com as mãos 29
Mito 3: Cuidado com os líderes da audiência 31
Mito 4: Memorize sua fala 33
Mito 5: Mova-se no palco 41
Mito 6: Sempre use um púlpito 45
Mito 7: Cubra todos os pontos de sua fala 47
Mito 8: Comece com uma piada 49
Mito 9: Desligue as luzes para apresentar seus slides 53
Mito 10: Você não deveria estar nervoso 55

Parte 2: Dicas de como falar em público 57
Estruture sua apresentação 59
Teste do Sim ou Não 63
As palavras 71
Fale com confiança e poder: prepare-se, relaxe, seja positivo 77
As recompensas de falar em público 79

Parte 3: Princípios e fatos 81

Conclusão ou desafio? 101

Bibliografia complementar 107

Introdução Carla:
O Recorde Sul Americano de Apresentação

No ano de 2002 eu concluí a minha graduação em Comunicação Social com habilitação em Relações Públicas; um curso no qual passei quatro anos aprendendo a falar e trabalhar com o público, certo? Sim, teoricamente, sim.

Porém, no final do último ano, eu precisava apresentar meu TCC, Trabalho de Conclusão de Curso, que eu fiquei um ano inteiro montando, fazendo pesquisas, estudando e me preparando. Muito bem, me dediquei ao trabalho, montei um belo projeto experimental, e fui me apresentar. Ah, eu esqueci de dizer que eu falo rápido.

Eu tinha de 20 a 40 minutos para fazer a minha apresentação, defender a minha tese. Resultado: me apresentei em 14 minutos, provavelmente o recorde Sul Americano de Apresentação de TCC. Obviamente, eu pulei diversas conexões interessantes em minha apresentação. Para ajudar, na minha sala da faculdade havia apenas 20 alunos, como o meu nome começa com C, eu me apresentei no primeiro dia.

Além dos colegas de sala, havia ainda alunos de outros semestres assistindo às apresentações. E por eu ser filha de professor, na minha banca de avaliação ao invés de ter de 3 a 5 componentes, como é habitual, havia 8. Eu não poderia ficar mais apavorada. Como já falo rápido normalmente, comecei a falar sem vírgula, sem ponto, sem pausa alguma.

Deixei de explicar pontos fundamentais da minha tese. Tudo isso por puro nervosismo. Esqueci que ninguém lá conhecia o meu projeto melhor do que eu. Esqueci também, que todos que estavam lá eram pessoas comuns como eu, e que ninguém estava me julgando, ninguém queria que eu fosse mal, eu acho.

Quando terminei minha apresentação e comecei a ficar calma, percebi que tinha pulado diversos pontos. Precisei retomar, e aí sim fui bem, porque estava calma, e já não estava sendo avaliada. Só que, a minha nota de apresentação foi até quando eu estava me apresentando "oficialmente", o que influenciou levemente a avaliação de minha apresentação pelos professores da banca.

Eu fiquei muito mal com isso, e resolvi que deveria aprender a falar em público. Era a minha meta do ano seguinte. Assisti a muitas palestras dos mais diversos assuntos, lí livros a respeito, e resolvi enfrentar o desafio de trabalhar como professora.

Foi difícil no começo, eu ficava roxa na frente da sala, por isso usava apresentações e vídeos o tempo todo, assim podia deixar a luz mais fraca. Estava usando artifícios. Mas um belo dia, fui conduzir um treinamento, meu primeiro treinamento num projeto específico, sem ter tido tempo para me preparar, não por minha culpa, mas por ter sido escalada para uma substituição de última hora. Cheguei na sala, distribuí o material, e fui cumprimentar os alunos.

Veja que delícia o primeiro comentário, ou pergunta, ou não sei bem o que, que uma participante me fez: "escuta aqui, oh mocinha, – fez questão de colocar dessa forma por ter quase o dobro de minha idade na época – eu não sei o que eu estou fazendo aqui; então você fala logo, que aí eu posso ir embora porque não quero perder meu tempo."

Estimulante, não é mesmo? Eu tinha duas opções: Sair correndo chorando, ou responder com toda calma e educação que eu tento ter. Escolhi a segunda opção e, ao final das oito horas da aula, pedi para que alguém se levantasse e falasse para a sala o que entendeu do projeto. Essa mesma aluna levantou, explicou tudo perfeitamente, e me agradeceu por fazer parte desse grupo.

Foi a partir daí que eu realmente percebi o quanto gratificante é você saber se comunicar com eficiência e manter o controle da situação quando você domina o assunto sobre o qual vai falar.

E por isso, procuro sempre me aperfeiçoar. Falo rápido ainda, porque é da minha natureza e porque dar aulas é empolgante. Para me policiar, sempre escolho um aluno que fica encarregado de me avisar quando eu acelero sem perceber.

Eu citei esses exemplos porque, se eu aprendi, quem quiser, aprende também. Basta entender que você não precisa saber tudo, mas saber onde procurar ou encontrar as respostas.

Boa leitura.

Carla Maria Massareto
Dezembro de 2005

Introdução Humberto:
O Teste do Alce

A pergunta não é o que um alce está fazendo na capa desse livro, e sim porque às vezes certas pessoas fazem essa cara quando estamos ministrando uma aula, apresentação ou palestra?

Tem duas coisas que eu adoro fazer na vida, a segunda é falar em público. Me formei em Comunicação Social com especialização em Publicidade e Propaganda na ESPM em 1981, e logo em seguida fui convidado a lecionar naquela instituição; não porque eu tivesse apresentado um desempenho extraordinário ou um talento acima do normal, mas porque não havia profissionais com curso superior e alguns anos de experiência na disciplina técnica para a qual me convidaram. Sinceramente, eu não me recordo de como foi meu primeiro dia de aula, mas não deve ter sido tão ruim, pois eu não teria insistido, devido ser extremamente exigente comigo mesmo.

Nesses 24 anos, metade deles exclusivamente na FAAP, me apresentei publicamente ou em aulas, por pelo menos 3 vezes por semana. Descontadas as férias isso dá algo em torno de 3000 aparições; consideradas 4 horas por dia, são cerca de 12.000 horas, para aproximadamente 8.000 pessoas diferentes, sem contar as palestras e aulas em cursos de pós-graduação, MBA e treinamentos, entre outros. É um monte de horas e um monte de gente que conheci nesse tempo todo.

A fim de aperfeiçoar constantemente a qualidade técnica e as formas de abordagem em minhas apresentações, assisti, assisto e ainda assistirei a muitas aulas de outros professores, bem como a muitas palestras e apresentações, para poder aplicar as melhores práticas nas valiosas oportunidades que tenho para me apresentar publicamente.

Uma das aulas que tive o prazer de assistir foi a do colega e grande amigo professor André Veloso, na FAAP, em algum momento no ano 2001. Foi uma aula de Marketing para uma turma de alunos do curso de Relações Públicas da Faculdade de Comunicação, e o tema era o Teste do Alce.

Para quem não conhece, o Teste do Alce é um teste não oficial aplicado na Suécia há algumas décadas por jornalistas especializados em automobilismo, para avaliar como um carro se comporta diante da necessidade de uma manobra rápida, quando encontra, por exemplo, um alce atravessando a estrada, fato comum na Europa. Para simular esse tipo de obstáculo, cones são dispostos em S numa pista de asfalto seco, e a uma velocidade entre 70 e 80 km/h, os carros devem desviar primeiro para a esquerda, invadindo a outra pista e retornar imediatamente e freando para a direita. O teste ficou mundialmente conhecido quando foi aplicado no lançamento do Classe A da Mercedes-Benz em 1997 para a imprensa, pois o modelo que vinha sendo anunciado havia meses como muito estável, capotou.

A história completa, suas conseqüências e a interessante estratégia adotada pela Daimler-Benz diante do evento, o que levou ao adiamento do lançamento do modelo em um ano, podem ser encontradas em livros e também em muitos sites na Internet. Achei curiosa a explicação de porque o alce. O alce é um animal que diante do som da buzina do automóvel estanca e olha para você com aquela cara de "Han? Não entendi". Ocorre que um alce é quase do tamanho e quase do peso de um cavalo. Topar com um bicho desses a 70 km/h pode ser fatal. Aliás, eu não gostaria de topar com ele - ou ela - nem a 20 km/h.

Guardadas as proporções, tão ou mais grave que esse acidente é quando você se apropria do tempo valioso de outra pessoa e não atinge o sucesso no momento de lhe entregar um conteúdo, uma idéia ou um conceito; que não agregue algum valor; que seu discurso não lhe seja de alguma maneira útil para a vida ou para a carreira; ou quando essa pessoa não consegue estabelecer as conexões necessárias. É muito fácil perceber a iminência do acidente, pois as pessoas lhe enviam o recado fazendo aquela cara de alce, entre outros sinais. Nessa hora, prepare-se, sua maravilhosa e bem preparada apresentação atropelou ou está prestes a atropelar a audiência e corre o risco de terminar com as rodas para o alto.

Há muitas maneiras de evitar acidentes como esse de atropelar o público ou capotar junto com a sua apresentação. Nesse livro eu e a Carla compartilhamos com você algumas vivências, impressões e desmistificações que podem lhe ser tão úteis como foram e têm sido para nós mesmos, e que são resultado de nossa experiência acumulada em muitas aulas e palestras que ministramos durante anos atuando como professores, facilitadores e palestrantes junto aos mais variados e distintos perfis de público.

As práticas que sugerimos aqui aplicam-se não apenas aos alces que porventura você topar pela frente em suas apresentações em público, mas também aos esquilos. Diferentemente dos alces, que param e olham para você, os esquilos correm de um lado para outro feito loucos, sem saber direito para onde ir e não dando qualquer pista. Num caso ou outro, dirija sua apresentação com muito cuidado, afinal, em caso de acidente, a responsabilidade invariavelmente é do motorista.

Ah, antes que eu me esqueça, a primeira coisa é trabalhar com a Carla.

Humberto Emílio Massareto
Dezembro de 2005

Antes de mais nada

"Eu sou o início, o fim e o meio."
Raul Seixas e Paulo Coelho, in Gita

Han?

Ao longo dos anos, muitos mitos sobre como falar em público foram transmitidos de pessoas para pessoas. O que de fato acontece é que mesmo as pessoas que ouviram sobre esses mitos continuam nervosas quando chega esse momento, seja numa palestra para executivos de uma multinacional, seja numa reunião de condôminos de seu prédio, seja na aula que vai ministrar.

Vamos rever, então, alguns desses mitos e algumas sugestões de como lidar com eles. Lembre-se porém de que a comunicação é um processo dinâmico, que se ajusta de modo imediato às transformações sociais e aos movimentos culturais e que a linguagem se renova constantemente, o que quer dizer que as sugestões aqui apresentadas podem não ter mais o mesmo valor em alguns anos.

Nossa recomendação, que antecede a primeira sugestão, é mantenha-se sempre, mas sempre mesmo, bem informado sobre tudo o que acontece ao seu redor e ao redor do seu público de interesse: clientes, alunos, comunidade, público interno, ouvintes e outros, pois, afinal, o grande mérito de uma apresentação é o seu ajuste e a sua conexão com a atualidade e a realidade.

A facilidade de acesso e uso do computador, bem como outros recursos tecnológicos, formou uma audiência exigente em termos de efeitos, gráficos, telas de apresentação e exemplos em áudio e vídeo.

O tempo das pessoas é valioso e deve ser respeitado. Quem comparece a um evento para ouvir outra pessoa falar, provavelmente, investiu mais que o próprio tempo, investiu também algum dinheiro e espera levar de volta algum valor agregado, no mínimo equivalente àquele investido.

Ao finalizar os preparativos de sua apresentação, revise-a cuidadosamente e, se for o caso, peça a um amigo, um colega de trabalho ou um familiar que faça a leitura ou assista a um ensaio de sua apresentação e comente sobre os pontos fortes e fracos, para que você possa fazer as correções, se necessário.

Parte 1:
Dez grandes mitos sobre como falar em público

"Quem fala demais dá bom dia a cavalo"
ditado popular

Mito 1: Eu não sei falar em público

No livro Potencializando sua Criatividade, a abertura do primeiro capítulo é a proposta de um exercício em que o leitor é convidado a listar os nomes de dez pessoas classificadas por ele como as mais criativas de todos os tempos, sejam elas conhecidas ou não, estejam elas vivas ou não. Propomos então algo parecido: você vai listar a seguir as dez pessoas que sejam referência na arte de falar em público. Essa lista pode incluir apresentadores de TV, personalidades da vida política e pública, palestrantes, professores, vendedores – de pamonha de Piracicaba – e, claro, as pessoas de seu convívio, talvez não tão famosas, mas igual ou superiormente talentosas. Vamos lá:

1. _____
2. _____
3. _____
4. _____
5. _____
6. _____
7. _____
8. _____
9. _____
10. _____

Se você leu o livro Potencializando sua Criatividade ou se já participou de dinâmicas desse tipo, deve se lembrar que a intenção era fazer com que você colocasse seu nome entre os eleitos. Se isso de fato ocorreu, você está de parabéns e esse livro pode lhe ser útil para rever e atualizar algumas práticas no momento de falar em público; mas, se não ocorreu, não há o menor problema, porque vai ser ainda mais prazeroso para você descobrir que tem esse talento, até então não colocado em prática, podendo aplicá-lo imediatamente e de maneira bem simples e, ainda, ser capaz de medir o seu grau de eficiência.

Falar em público não é apenas quando falamos para 200 pessoas simultaneamente. Todos nós falamos em público e nos apresentamos o tempo todo. Como diz o grande amigo e professor de técnicas de apresentação, Cesar Adames: a vida é uma grande apresentação.

Ao ser apresentado a alguém em qualquer ocasião, você também é avaliado como se fosse um palestrante durante um evento. A pessoa que você acaba de conhecer vai reparar em seus gestos; linguagem corporal; palavras que você usa, bem como a construção das frases; aparência, como barba bem feita ou maquiagem retocada; roupas e demais cuidados. E lembre-se de que este é um processo de mão dupla, uma vez que você faz a mesma coisa em relação ao seu interlocutor.

O que este processo representa? Uma venda. A venda de uma imagem, de sua imagem, pois, em nossa opinião ou, provavelmente, na opinião de pessoas mais modestas, a própria imagem é o bem mais importante e valioso que cada um de nós possui.

É difícil? Claro que não. Se você tem algum tipo de relacionamento conjugal, ele foi sem dúvida resultado de um processo em que você foi avaliado nesses quesitos e também avaliou a outra pessoa, bem como envolveu ainda técnicas de negociação para que vocês estabelecessem regras claras e bem definidas para esse convívio. Relembre o processo e o avalie por um momento.

Da mesma forma, se você tem um emprego, vai à feira ou ao supermercado, toca numa banda, presta algum tipo de consultoria, comparece a um show ou leciona, apenas para citar algumas situações, talvez você possa nem ter percebido, mas foi muito bem-sucedido apresentando-se e falando em público.

Como você se preparou para cada uma das situações? Como escolheu as roupas e as palavras? O que fez nos momentos que antecederam as decisões importantes em cada caso? Como reagiu diante de momentos inesperados inevitáveis no processo?

Não responda agora, mas reflita sobre cada questão e uma vez mais lembre-se de que a vida é uma grande apresentação.

Enquanto isso, passe a prestar mais atenção em sua própria maneira de falar com as pessoas no dia-a-dia; que percepção elas têm de você; que atenção dispensam quando você interfere numa conversa ou bate-papo; por quanto tempo você consegue manter o interesse em seus argumentos. Preste também atenção em como outras pessoas fazem da mesma maneira. Potencialize seus pontos positivos, como capacidade de argumentação, repertório ou dicção e exercite os que pretende incluir em suas próximas apresentações.

Para falar em público de maneira eficiente, divida sua apresentação em três partes:

1. Ao iniciar, dispense alguns poucos minutos para contar sobre o que vai falar. Como a noção de tempo é relativa, poucos minutos para você talvez representem a eternidade para uma outra pessoa, procure resumir tudo em no máximo 2 minutos.

2. Durante sua apresentação, fale exatamente o que disse que ia falar.

3. Ao final, faça um resumo do que falou.

A receita é simples e depende mais de disciplina do que de esforço. Neste livro, voltaremos ao assunto no capítulo "Dicas de como falar em público".

Numa frase: Lembre-se de que todos sabemos falar em público; você sabe falar em público, ou não teria sobrevivido até aqui.

Mito 2: Não fale com as mãos

A maioria das pessoas, inclusive profissionais experientes, fica nervosa ao apresentar-se em público, e uma reação natural é adotar um hábito como um gesto de mão ou uma postura repetitivos. No entanto, a linguagem corporal excessiva pode distrair o público e, por isso, é preciso que você tenha consciência de seu corpo, quando está fazendo uma apresentação, para ter controle sobre seus gestos e posturas.

Você já deve ter ouvido dizer que se prenderem as mãos de um italiano, ou descendente de italiano, ele fica mudo, não é mesmo? Pois bem, se você não é italiano nem descendente de italiano, temos uma péssima notícia para você, ou talvez uma boa notícia: isso não ocorre apenas com os italianos e seus descendentes, ocorre com latinos em geral e com muita gente em particular; provavelmente ocorre com você em especial, mas não se preocupe, pois há algumas maneiras muito simples de lidar com essa qualidade, sim é uma qualidade.

Os apresentadores se expressam também com as mãos, aliás, expressam-se com o corpo todo. Uma apresentação em que o apresentador não utiliza as mãos ou a linguagem corporal, parece dura, estática. Deixe que suas mãos falem por elas mesmas, sem exageros, é claro, pois senão as pessoas prestarão mais atenção na sua expansão corporal do que em suas palavras.

O modelo de escrita hieroglífico era em sua versão inicial, pictogramático, isto é, não representava idéias, mas o objeto desenhado. Apenas para a posição das mãos, havia 21 símbolos diferentes, entre os aproximadamente 6.900 que compunham seu código completo. Havia quase tantos sinais para simbolizar posições das mãos quanto em nosso atual sistema alfabético ocidental atual de 26 sinais.

Olhe para suas mãos e veja de quantas maneiras pode enfatizar suas palavras por meio de gestos. Observe como as pessoas em geral se comunicam, reforçando suas idéias com os gestos das mãos. A vida num palco durante uma apresentação não é em nada diferente da que você e todos nós levamos fora dele, então, não há por que comportar-se de outra maneira em relação às suas mãos. Deixe-as livres para reforçar suas idéias.

Leve em conta que nem sempre você terá o privilégio de grandes artistas que se apresentam com microfones sem fio portáteis de lapela, e vai ter de usar uma das mãos para segurar um nem sempre pequeno microfone, e a outra para, eventualmente, trocar os slides de sua apresentação, escrever numa lousa ou flip chart, trocar transparências, entre outras coisas. Imagine como é possível expressar-se dessa maneira com apenas uma das mãos, ou pense nas alternativas como tripé, por exemplo, a fim de deixar suas duas mãos livres, mas apenas se for realmente imprescindível, pois nesse caso você fica escravo da posição do tripé.

Numa frase: Mãos são como pára-quedas, que devem ser usadas apenas quando for absolutamente necessário, mas como todo bom pessimista, não saia para passear de avião sem ele.

Mito 3: Cuidado com os líderes da audiência

Sempre que nos apresentamos, estamos diante de um grupo em que há líderes ou pessoas que assumem papéis de líderes. Algumas vezes, os líderes fazem-se notar e destacam-se por conta própria ou por aclamação. Em ambos os casos, há perfis distintos e não raro nos deparamos com o líder desafiador ou com o líder com necessidade de auto-afirmação. Nesses dois casos, esses líderes têm uma necessidade natural, imposta ou auto-imposta de provar aos demais seu alto grau de conhecimento do assunto que se discute, a ponto de confrontar o apresentador, não importando se concorda ou discorda dele, o que pode levar a uma situação de desconforto para este último.

Mesmo o mais obtuso dos líderes sabe que não deve demonstrar fraqueza diante de seus liderados, pois perderia a autoridade e a capacidade de liderança. Num confronto com um apresentador, se a platéia já estiver encantada com o apresentador e suas idéias, o líder não tem espaço para desafiá-lo. Logo, o segredo é encantar.

Encante o mais imediatamente possível. Identifique os líderes ou possíveis líderes, olhe diretamente para eles e deixe clara sua segurança e domínio do assunto que vai tratar. Nós nos conectamos uns com os outros por meio de nossos olhos. Os apresentadores experientes olham para algumas pessoas, uma de cada vez, o que cria uma relação, e é menos assustador, e você passa a sua mensagem para cada pessoa da platéia.

Uma forma rápida de encantar o público é manifestar simpatia, atenção, confiança e convicção. Essas quatro qualidades tornam-se evidentes logo de início, se você demonstrar:

a) seu prazer em estar presente no evento e ter o privilégio de apresentar suas idéias;
b) sua gratidão pela presença da audiência;
c) seu interesse pela audiência e pelo tema que vai compartilhar;
d) domínio do assunto que vai abordar.

Não é possível encantar de "mentirinha". Não tente enganar a platéia ou a você mesmo. Se não se envolveu completamente com o evento e com o público, mas tenta fazer com que pareça o contrário, não vai demorar para que as pessoas identifiquem seu "truque". Nesse caso, se não aconteceu a sinergia necessária, cumpra burocraticamente o seu papel de apresentador. Você vai ficar menos desconfortável, porém mais seguro.

Numa frase: Seja sincero ao demonstrar simpatia, atenção, confiança e convicção; se não conseguir, seja burocrático.

Mito 4:
Memorize sua fala

Quantas vezes sua memória não funcionou como você planejou nas situações mais inesperadas, com questões muitos simples, como, por exemplo, quais são os afluentes do rio Amazonas? Quais são os sete hábitos das pessoas altamente eficazes? Qual a cor dos olhos de Elizabeth Taylor? Quantos animais de cada espécie Moisés levou para a arca? Qual a data de nascimento de seu pai? Quanto são sete vezes oito? Qual a capital da Nova Zelândia? Qual o número de seu celular?

Muitas pessoas ficam aflitas apenas de imaginar que podem esquecer uma palavra, a mais importante, quando estiverem se apresentando diante de uma platéia. Para evitar isso, ficam horas, dias até, lendo e relendo, decorando seus textos. Há dois principais problemas nesse tipo de prática: o primeiro é que apresentações desse tipo são muito monótonas, pois ficam frias demais; o segundo é que qualquer interferência desconcentrará o apresentador, que terá dificuldade para retornar exatamente ao ponto em que parou.

É muito mais fácil memorizar conceitos do que palavras. Sempre que possível, evite ler manuscritos. Notas e esboços são melhores para nos orientar e nos manter no caminho certo – em folhas de flip charts, slides ou telas de apresentação. Se você esquecer uma palavra, pode substituí-la, mudar a abordagem ou simplesmente continuar de um novo ponto. O público não saberá a diferença e você não precisa ficar com a sensação de que enganou alguém, pois não se trata efetivamente disso, e tenha certeza de que, apoiado por um bom sistema de orientação de sua apresentação e de algumas técnicas de memorização, ao final você terá tratado de todos os pontos inicialmente planejados.

Há muitas atividades que auxiliam a manutenção do cérebro em perfeito funcionamento para ajudá-lo quando precisar se lembrar de pontos de sua apresentação. Dentre estas, destacam-se: leituras variadas, prática de palavras cruzadas e jogos lógicos, cinema, teatro, exercícios físicos regulares e viagens. Você pode também aplicar técnicas de memorização que, combinadas com as atividades listadas, podem potencializar sua capacidade de lembrança. Modernas técnicas de memorização apóiam-se em quatro pontos principais:

1. Redução do grau de ansiedade.
2. Redução do grau de monitoramento próprio.
3. Organização.
4. Prática e observação.

Vejamos detalhadamente cada um deles.

1. Redução do grau de ansiedade.
Reduzir o grau de ansiedade requer treino e não é à toa que aparece em primeiro lugar nesta lista, pois, afinal, aquele ponto que você deve mais praticar, é o que lhe proporcionará resultados mais efetivos e em menor tempo. Redução do grau de ansiedade não significa ficar em atitude passiva enquanto o mundo desaba ao seu lado. Significa, isso sim, manter o controle da situação enquanto o mundo desaba ao seu lado.

Para reduzir o grau de ansiedade você deve inicialmente concentrar-se e para isso precisa criar condições ambientais favoráveis. O ambiente deve ser tranqüilo, sem distrações, ruídos ou interrupções de qualquer espécie, e, de preferência com iluminação suave. Instale-se neste ambiente em posição confortável, afrouxe os cintos, botões e outros acessórios. Relaxe todos os músculos.

Não provoque nem evoque pensamentos relacionados a problemas que você poderia ter durante sua apresentação. Caso se sinta à vontade, repita mentalmente uma palavra monossilábica e pense somente nela. Qualquer palavra. O professor da Harvard Medical School, Herbert Benson, em seu livro The relaxation response, sugere a palavra "um", como um mantra. Segundo ele, você pode repetir esta, ou outra palavra, mentalmente, a cada expiração longa e lenta e pelo tempo que ela durar.

Você não provoca o relaxamento, mas deixa que ele aconteça, facilitando as coisas para você mesmo.

2. Redução do grau de monitoramento próprio.
Nossos cérebros estão configurados para lidar com apenas uma tarefa complexa de cada vez. Quando estamos diante de uma platéia para uma apresentação e nos preocupamos com a performance, o cérebro abandona a tarefa anterior ou lhe reserva uma menor dedicação. Não ter controle das duas tarefas resulta em tensão ou ansiedade, porque você é muito exigente consigo mesmo, ou porque deveria ser.

Se você já atingiu o grau reduzido de ansiedade citado anteriormente, conseguirá então reduzir o grau de exigência ou de monitoramento de sua performance, porque já não faz mais diferença. A exigência deve fazer parte da etapa anterior, a da preparação da apresentação. Se você se preparou com o devido cuidado, consultou fontes seguras, tem as idéias encadeadas e domina o assunto, então nada sob seu controle pode interferir negativamente.

Mesmo assim, se numa situação em especial você não conseguir se desligar facilmente desse monitoramento, seguem algumas dicas para facilitar a tarefa:

Piloto automático
Existem tarefas que executamos com muita eficiência e que por as termos executado muitas vezes, podem ser cumpridas no modo piloto automático, isto é, sem a necessidade do monitoramento próprio. Se for adequado, inclua uma dessas tarefas em sua apresentação, preferencialmente logo no início, pois há evidências psicológicas de que quando nos saímos bem na execução de uma tarefa, há uma melhora perceptível e significativa na execução das tarefas seguintes. Um exemplo radical: você manipulando 3 bolinhas em modo piloto automático, desde que você realmente saiba desempenhar essa tarefa e que ela tenha absoluta conexão com sua apresentação.

Mantenha o foco
O nervosismo diante de uma tarefa pode nos desviar de nosso foco de atenção principal. Nesses casos, funciona muito bem consultar suas anotações; não é pecado e muitos apresentadores o fazem. Você pode também pensar nas etapas seguintes de sua apresentação e em suas próximas falas. Finalmente, se você se sente inibido ou de alguma forma perturbado

pelo olhar insistente de alguma pessoa da platéia, é muito simples, evite olhar para ela.

Fale consigo mesmo
Monitore sua apresentação em tempo real, ou seja, faça sua apresentação para você mesmo diante de um espelho, ou melhor, grave em vídeo sua apresentação e a assista inteira, anotando os pontos de melhoria e as providências a tomar.

Transfira o monitoramento
Algumas pessoas parecem entediadas durante nossa fala, e não se iluda, você não conseguirá em todas as vezes manter todas as pessoas interessadas em sua apresentação durante todo o tempo. Mesmo assim, basta uma única pessoa sonolenta e já pensamos que nossa palestra é entediante. Se é assim, evite olhar para essas pessoas, ou então evite olhar diretamente nos olhos dessas pessoas. Fixe seus olhos logo acima de suas cabeças, pois dá a falsa ilusão de que você está olhando para elas. Uma alternativa é imaginar determinadas pessoas da platéia em suas roupas de baixo. Isso faz com que elas tenham de se preocupar com suas roupas, e não você com o que elas pensam.

3. Organização
Você planejou tudo, pesquisou muito, leu o que havia disponível, trocou idéias com colegas e reuniu todo o material. Como então dar ao material o formato de uma apresentação consistente, clara e alinhada com os objetivos? Simples, se lhe convidaram é porque você demonstra ou demonstrou em algum momento domínio sobre o tema. Se você aceitou o convite, e não foi apenas pelo prestígio que esta oportunidade proporciona, nem pela remuneração, então realmente você é a pessoa certa para esta apresentação.

Uma apresentação é uma história que se conta e, como toda história tem começo, meio e fim. Como numa história, defina personagens, cenários, ambientes, alternativas e situações.

Com todos os elementos reunidos, você deve então montar sua história de acordo com o enredo que pode ser sua experiência, a conjuntura, a projeção de cenários futuros, ou até mesmo uma especulação. Finalmente, como nas histórias inesquecíveis, conceba um final ou uma conclusão envolvente e memorável.

Faz parte da organização, nesta abordagem sobre a memorização, o momento de reunir o material de sua apresentação e carregá-lo consigo para o local onde ela vai ocorrer. Assim como não é recomendável confiar totalmente na memória, não confie totalmente na tecnologia. Esse assunto será abordado com maior aprofundamento no volume 3 da série Apresentações ("A arte das grandes apresentações: guia de sobrevivência e recursos"), porém não é demais se prevenir, para tanto:

a) faça cópia completa de sua apresentação e dos itens a ela relacionados, como fontes, filmes, imagens, fotos, sons e outros;
b) se estiver utilizando o software Microsoft PowerPoint(r), aproveite o recurso "Empacotar para Viagem" ou "Gravar em CD-Rom", nas versões mais recentes, ambos disponíveis no menu Arquivo, que o próprio programa se encarrega de reunir todos os arquivos a ela relacionados;
c) envie uma cópia de sua apresentação para seu e-mail, desde que não tenha um tamanho superior a 20 Mb, pois você terá problemas tanto no envio

como no recebimento da mensagem. Como dito no início, a tecnologia muda e se aperfeiçoa a cada instante, essa recomendação que vale hoje, talvez não sirva amanhã;

d) tenha uma alternativa para o caso de a tecnologia falhar, como transparências para retro projetor ou mesmo um esquema para folhas de flip chart. Pode, por exemplo, ocorrer falta de luz ou até mesmo um blecaute, nunca se sabe.

Lembre-se de que se tudo estiver bem organizado será muito mais fácil localizar o que procura e não haverá necessidade de sobrecarregar seu cérebro tentando recordar cada ponto.

4. Prática e observação

Nada melhor que a prática para aperfeiçoar nossas habilidades. Quanto mais você digita, mais rápido e eficiente você fica. Quanto mais lê e escreve, melhor a qualidade de seus textos. Quanto mais pratica um esporte ou atividade artística, melhores serão suas marcas, performances e resultados.

Inclua ainda a observação atenta e crítica. Observe como outros palestrantes, oradores, políticos e apresentadores se comportam e conduzem suas apresentações. Um amigo nosso ainda recomenda: não saia no meio de uma apresentação que julgue ruim, afinal, até mesmo com elas se aprende algo, pois servem de mau exemplo. Será que é por isso que ficam sempre até o final de minha apresentação?

Talvez seja cruel a observação assim colocada, mas é impossível negar que existem apresentadores de todo tipo, inclusive os ruins, os muito ruins e os piores.

Aprenda com eles como não se apresentar e torne-se um apresentador cada vez melhor.

Para o seu treino e prática utilize a mesma sugestão apresentada no item sobre redução do monitoramento: grave sua apresentação, e aproveite para fazer simulações ou criar alternativas de abordagem para uma ou mais partes de sua apresentação e veja qual delas tem um apelo mais forte, qual é mais convincente, ou mais memorável, sem perder de vista o objetivo a que sua apresentação se propõe. Adapte, inove, reveja e aperfeiçoe sempre. Não se contente com a primeira solução, a menos que tenha tentado todas as demais.

Para provar que a memória muitas vezes nos trai mesmo quando estamos ou pensamos estar realmente atentos, volte e releia o primeiro parágrafo, aquele das perguntas, e lembre-se de que quem levou os animais para a arca foi Noé e não Moisés. Se você já conhecia, parabéns; se não conhecia e sua atenção lhe traiu, não se preocupe, ficará apenas entre nós, mas leia sempre tudo com muita atenção, pois podia muito bem ser um contrato envolvendo muito dinheiro.

Numa frase: Não decore seus textos e falas; memorize suas idéias, faça anotações e consulte-as antes e durante sua apresentação.

Mito 5:
Mova-se no palco

Não, você não está no parque de diversões e mesmo se estivesse, você não é aquele patinho da barraca de tiro ao alvo que tentamos acertar com a espingarda de pressão para ganhar prêmios. Portanto, você não precisa ficar compulsivamente andando de um lado para outro, dando a sensação de que vai fazer um buraco no chão, como o que havia na sala de pensamentos do Professor Pardal.

Por outro lado, talvez não seja o momento de brincar de estátua, nem de tentar ganhar algum dinheiro como aqueles artistas performáticos de rua que ficam imóveis durante muitos minutos. Você veio para apresentar-se para um público e deve ter a noção clara de como, quando e por onde movimentar-se.

Se for preciso dirigir-se muito diretamente a alguém da platéia, nada o impede de caminhar até esta pessoa. Se for preciso caminhar de um lado a outro do palco e retornar, faça isso sem medo. Se for preciso atenção absoluta num ponto específico de sua fala, pare e fale. Quando você se move, todo seu corpo se comunica e você obtém um tipo de ênfase diferente daquele de quando fica parado. Parado a ênfase é maior nas palavras.

Você dirige este show e deve controlar o tempo de cada ação, mas lembre-se de que, assim como no cinema, os efeitos especiais dos filmes são muito breves, e também suas ações não devem durar muito tempo, senão passam a ser óbvias e previsíveis. É melhor deixar a platéia com "gosto de quero mais" do que "ai meu Deus, me enfastiei".

Eu conheci um apresentador que utilizava propositadamente todas as regras do que não fazer exatamente para criar tensão e sobretudo memorabilidade, por exemplo, passar em frente ao projetor e até mesmo parar diante dele projetando sua sombra. Pode até ser que você consiga o mesmo efeito movimentando-se quando o ideal seria ficar parado e vice-versa, mas planeje e calcule isso com muito cuidado. Não dá para voltar atrás e fazer de novo, mas também não dá para repetir sempre pretensas fórmulas de sucesso. Uma vez mais, você dirige o show, e para que ele tenha sucesso, pense em seu público e não apenas em si mesmo ou no show pelo show. Afinal, você deseja que suas palavras persistam na lembrança das pessoas e não que se esgotem ao final de sua apresentação.

O movimento proposital pode ser dinâmico. Assista a algum apresentador experiente. Eles trabalham a multidão. Eles se movem pelo palco. Fazendo isto, você levará energia ao público.

Se ficar parado tem o inconveniente da monotonia, movimentar-se oferece os riscos inerentes, como, por exemplo, passar adiante do projetor, mencionado há pouco, e ainda tropeçar em algum cabo ou fio que atravesse o palco, escorregar em pisos muito lisos, não observar o final do palco, o que pode ser memorável, sem dúvida, mas extremamente doloroso dependendo da altura dele.

Numa frase: Você é quem decide e controla a dinâmica de sua apresentação, que deve ser coerente com o tema e o público envolvidos, bem como o seu próprio perfil de comportamento cinestésico.

Mito 6:
Sempre use um púlpito

Há uma única razão para se usar um púlpito durante uma apresentação: para apoiar suas anotações. Use um púlpito somente quando você tiver de ler um manuscrito. Caso contrário, você corre o risco de fazer uma apresentação que será vista como formal e dura.

Pior que isso, os púlpitos foram inspirados em modelos europeus ou norte-americanos e desenhados para o biotipo europeu ou norte-americano, assim como as bacias de banheiro. Isso significa que, se você, como nós dois, tiver menos de 1,80 m de altura (e nós temos bem menos que isso), correrá o risco de ficar escondido atrás do púlpito. Se houver algum seguidor de São Tomé na platéia, você corre o risco de que não acreditem em você ou de que não lhe levem a sério, pos afinal tem gente que precisa ver para crer, não é mesmo?

Além da razão mencionada, há situações solenes em que o uso do púlpito é inevitável. Comemorações cívicas, inaugurações, eventos políticos e sermões, entre outros. Nesses casos, respeita-se o uso do púlpito até porque você terá mesmo anotações para apoiar sobre ele, afinal, você deverá agradecer personalidades e instituições, e nada é mais deselegante que trocar, deixar de mencionar, errar ou esquecer um nome.

Outra situação em que você até pode fazer uso do púlpito, é quando tem de manipular o microcomputador você mesmo. Nesse caso, se a troca de telas for muito dinâmica, mantenha-se próximo. Contudo, se as telas permanecem exibidas por mais tempo, você pode desempenhar seu papel de modo natural e aproximar-se do púlpito apenas para acionar a mudança de telas.

Numa frase: O tipo de evento e o tipo de público definem se você vai ou não vai utilizar o púlpito, mas lembre-se de que você precisa dele bem menos do que pensa.

Mito 7: Cubra todos os pontos de sua fala

Cuidado com o que você promete abordar em suas apresentações. Há muitas variáveis nesse item. Por exemplo, não estamos em Cuba, você não é Fidel Castro, famoso por seus longos discursos, e as pessoas não hesitarão em deixar o auditório bem antes das quatro horas suficientes para você falar sobre tudo o que listou no início, mesmo que tudo seja muito interessante e importante, afinal, as pessoas têm outros compromissos e horários a cumprir.

Aliás, as pessoas permanecerão, sim, desde que você prometa, e seja muito convincente logo no início, que vai ensinar a todos como ficar ricos, conquistar clientes e corações, curar calvície, curar calos, eliminar rugas e perder peso. Só que tem de ser tudo na mesma apresentação. Como dissemos, não é impossível, apenas um pouco mais difícil.

Considere o período de tempo e formate a sua apresentação. Aborde três pontos importantes em vez de seis. Condense seus exemplos ou agrupe mais de um tópico num único exemplo. Conte as menores histórias. Use dinâmicas breves de executar e medir resultados. Será mais provável que as pessoas lembrem de sua apresentação se você utilizar esta abordagem, do que se tentar falar demais num espaço muito pequeno de tempo. Não haverá tempo suficiente para registro e resgate das informações.

Para que suas palavras fiquem registradas, use a seguinte – e óbvia – técnica:

a) logo no início fale sobre o que irá discursar em sua apresentação;
b) durante sua apresentação, fale somente sobre o que se propôs a falar;
c) ao final, relembre o que falou.

Dessa forma você consegue abranger tudo o que apresentou no início e ainda reforça conceitos, além de demonstrar claramente que cumpriu com o prometido.

Numa frase: Exponha o que vai falar; fale apenas o que prometeu falar; resuma ao final o que falou.

Mito 8: Comece com uma piada

"Sabe aquela do papagaio?" Cuidado, não faça isso! Você não tem de ser engraçado para ser eficaz em seu discurso. Use humor ou ironia em vez de piada. Ou, simplesmente, comece com uma história ou uma citação que tenha um final inesperado. Descarte as piadas.

Piadas freqüentemente brincam com preconceito; subestimam gênero, raça ou religião; utilizam linguagem chula ou tratam de modo inadequado deficiências físicas, entre várias outras opções de abordagem politicamente incorretas. Nesses casos, há uma única certeza: o tiro sai pela culatra, e não é nada engraçado.

Você nunca vai saber quantos descendentes de uma determinada raça há na platéia e quando perceber, já escapou o que devia dizer. Você não sabe quantas pessoas presentes têm problemas com parentes ou elas mesmas com dependência alcoólica ou algum tipo de droga. Aliás, um aviso, se você é dessas pessoas que usam o velho e batido clichê "perco o amigo, mas não perco a piada", aqui vai uma sugestão: não se apresente em público ou mude esse ponto de vista pelo menos enquanto estiver se apresentando, pois pode perder bem mais que um amigo.

Você não gostaria de ser classificado como quem praticou uma grosseria ou deselegância com a platéia, não é mesmo? Hoje em dia, os eventos são balizados por rigorosos mecanismos de avaliação e controle de qualidade, o que significa que toda apresentação ou palestra é avaliada por escrito ao final e, além disso, você colocou seu e-mail ou outro modo de contato na tela.

A parte mais agradável de uma apresentação é chegar ao escritório e abrir a caixa postal de e-mail e receber comentários positivos dos participantes e, melhor ainda, dos organizadores - profissionais responsáveis pelos próximos convites de sua carreira de apresentador.

Como dissemos no início, você não precisa deixar de ser você mesmo de uma hora para outra. Se sua marca registrada é o bom humor, e isso é extremamente positivo numa apresentação, não tenha a menor dúvida, use-o de maneira inteligente e fina, mas tente evitar as piadas. Mesmo o bom humor em excesso pode tirar um pouco do brilho e da seriedade de sua apresentação. O segredo é deixar a platéia com "água na boca".

No entanto, se nós não lhe convencemos com os argumentos, vamos para a recomendação final. Você vai mesmo contar aquela piada antiga do paulista, do carioca, do mineiro e do baiano que viajavam no mesmo trem? Então, dê preferência para piadas curtas, rápidas e que poucas pessoas conheçam. Nada é tão ruim quanto piada antiga, e nada é pior que piada antiga e longa. Se decidiu que vai mesmo contar a piada, então aprenda a contar piada. Botecos, reunião de família em que o avô está presente e velórios são locais excelentes para manter-se atualizado com as piadas, tanto em repertório como no jeito de contar. Não explique a piada. Se as pessoas não riram de sua piada, das três uma: ou a piada é antiga, ou é sem graça, ou você não leva mesmo jeito para isso.

Em tempo, funcionando ou não, nunca exagere. Não é porque riram de uma piada que rirão de todas. Basta uma única, inteligente, fina e bem contada para as pessoas lembrarem de você como alguém bem humorado, mas também basta uma única errada entre dezessete engraçadíssimas, para que se lembrem de você como inconveniente e preconceituoso.

Numa frase: Use o humor, mas não tente ser engraçado.

Mito 9: Desligue as luzes para apresentar seus slides

Este será sempre um mito: apagar ou não apagar as luzes. Uma vez mais, apelamos para o seu bom senso e percepção. Nós nem sempre sabemos ou controlamos o ambiente onde nos apresentamos, logo, o ideal é planejar uma apresentação e telas que sejam eficientes em qualquer condição de iluminação.

Essa talvez seja a recomendação mais difícil, pois se houvesse mesmo essa tela ideal, todos os apresentadores a utilizariam, por isso dedicamos o volume 3 exclusivamente para tratar disso "A arte das grandes apresentações: guia de sobrevivência e recursos". Até lá, seja dinâmico a ponto de antecipar-se e perguntar como é o ambiente, e ter pronta uma opção de tela para cada condição de iluminação.

Se você prepara sua apresentação com fundo claro não funcionará bem de dia se o ambiente não tiver janelas que bloqueiem a entrada de luz de fora, mesmo que utilize letras e gráficos em cores escuras.

De outra forma, com fundo escuro e letras claras, você pode prescindir das cortinas e até mesmo deixar uma parte do ambiente com as luzes acesas, mas sua audiência ficará com os olhos cansados muito rapidamente.

Observe que nas apresentações de hoje em dia são utilizados fundos com cores médias e textos escuros sobre eles para facilitar a leitura, com pouco texto, apenas os pontos a serem abordados, e imagens que agreguem valor à apresentação. Lembre-se de que uma imagem vale por mil palavras. Então, economize palavras, esbanje imagens e multiplique suas idéias e conceitos.

Voltando ao ambiente, no caso de escuridão total, existe a possibilidade de seu público adormecer, e pode ser uma surpresa quando você acender as luzes de volta. Isso não ocorre no cinema, porque as pessoas estão imersas no filme. Se você conseguir obter o mesmo em sua apresentação, então também pode apagar todas as luzes e prosseguir. Na dúvida, em vez da escuridão total, use um dimmer, deixando luz suficiente para que as pessoas possam ver os slides, e você possa ver bem os seus rostos. Você pode apagar todas as luzes se for passar um trecho de um filme, mas retorne à condição de luz anterior tão logo o filme termine.

Numa frase: Capture a atenção das pessoas à meia luz, isso já funcionou antes, lembra?

Mito 10: Você não deveria estar nervoso

Há momentos em nossas vidas sobre os quais temos pouco ou nenhum controle. São em especial as situações estressantes, que ocorrem em virtude das pressões do cotidiano ou das emoções fortes, por exemplo, e que não significa uma fraqueza, mas apenas ressaltam a nossa condição humana. Algumas pessoas sentem-se fortemente pressionadas diante da possibilidade de terem de se apresentar em público, com os sintomas: suor, gagueira, boca seca e outros.

Você pode controlar e administrar o nervosismo, mas você não pode eliminá-lo. Para a maior parte de nós, o medo de fazer uma apresentação nunca vai embora realmente. Até os apresentadores mais experientes ficam nervosos. Algum nervosismo é bom para você, pois o mantém dinâmico. A meta é transformar seu nervosismo em energia positiva.

Se você entrou na sala, subiu ao palco e não sentiu aquele friozinho na barriga, isso sim é um péssimo sinal de que você não se emocionou ou não se envolveu com o projeto ou com a proposta. Lembre-se de seu primeiro encontro com o grande amor de sua vida; lembre-se da emoção de quando recebeu a notícia de que ia ser mãe ou ser pai. Se não mexeu com você nem deu o friozinho na barriga, talvez seja o caso de largar tudo, ser sincero com você e com o público e dedicar-se a outra atividade. Contudo, assim como nos relacionamentos pessoais, você tem responsabilidades com a outra parte. Então, primeiro cumpra o que veio fazer e respeite o tempo, a atenção e o investimento que foi feito pelos presentes e pela organização do evento.

Numa frase: Você não deve ficar nervoso, pois as pessoas estão presentes para ouvir o que você tem a dizer. Então, diga.

Parte 2:
Dicas de como falar em público

"Ninguém acredita em um mentiroso
mesmo que esteja falando a verdade"
ditado popular

Estruture sua apresentação

"Embora a habilidade de comunicação possa ser desenvolvida, muitas pessoas não têm consciência dessa possibilidade e não acreditam no próprio potencial. Por essa razão, fogem das oportunidades que lhes são oferecidas e sentem-se desconfortáveis quando obrigadas a fazer uso da palavra, seja em uma reunião, seja em uma negociação, seja em uma entrevista"

Reinaldo Passadori

Em geral nós utilizamos a comunicação a fim de atingir objetivos diversos, entre eles a troca de informações; gestão e manutenção de relacionamentos pessoais ou profissionais; tentativa de convencer outras pessoas acerca de nossos pontos de vista; conquista ou exercício de poder; expressão de nosso pensamento. O modelo de comunicação mais conhecido é aquele que ocorre entre seres humanos, e que você vivencia entre outras situações, quando se apresenta em público, mas não é o único, existem ainda os modelos humano-máquina, humano-animal e máquina-máquina.

Ao nos apresentarmos temos uma oportunidade muito especial para atingir esses propósitos mencionados no parágrafo anterior, mas a oportunidade não garante o sucesso é apenas o primeiro passo, antes é necessário conquistar a atenção do público.

Toda conquista é um desafio e como tal requer planejamento e estratégia de abordagem. E conquista é assim, ou você atinge o objetivo logo de cara, ou então vai dar o maior trabalho conseguir um bom resultado depois; seja objetivo e procure conquistar sua audiência em no máximo noventa segundos. Em nosso caso, a conquista da atenção do público passa inevitavelmente por:

1. Oportunidade para se apresentar em público. Convite ou convocação, não importa, não são todas as pessoas que têm essa oportunidade. Se ela lhe foi oferecida, avalie criteriosamente e aproveite o que de melhor puder extrair dela.

2. Definição de seu propósito ao aceitar se apresentar, entre eles: entreter, informar, inspirar, motivar, educar, convencer, persuadir ou vender. Você estará no lugar certo, na hora certa, diante das pessoas certas, só falta cumprir sua missão e é aqui que você define qual é ela.

3. Estabelecimento do tom de sua fala. Públicos são propensos a escutar no princípio e lembrar-se dos instantes finais. Ao iniciar, estabeleça concordância, fixe o tom, imponha sua autoridade para falar sobre o assunto e desperte interesse. Ao final, seja enfático e memorável ao reforçar sua mensagem.

4. Fale naturalmente, como em uma conversação, não uma conferência. Usar muitos pronomes você, eu, nós, para convocar e agregar as pessoas em torno de suas idéias. Empolgue seu público. Seja interativo.

5. Dar preferência a verbos, em seguida a substantivos e apenas depois disso a adjetivos. As razões são óbvias, verbos motivam para a ação ou para a pró ação; substantivos incentivam reação e adjetivos convidam à contemplação, que talvez não seja exatamente o seu objetivo principal nem o da corporação ou entidade que lhe convidou para se apresentar.

6. Atraia o interesse para tudo o que apresentar. Todo mundo adora ouvir uma boa história, mas só use se for verdade (ou vista para ser verdade), para que ofereça uma idéia sobre o tópico, o apresentador ou o evento. Pode deixar o público mais interessado e facilitar a compreensão ou contextualização de um conceito.

7. Utilize sons e imagens. Use recursos áudio-visuais se eles realçarem sua mensagem, mas não deixe que eles diminuam a importância de suas palavras.

Teste do Sim ou Não

Assinale Sim ou Não para cada uma das perguntas abaixo, sempre que for convidado para uma apresentação, antes de aceitá-la ou começar a prepará-la. Após responder, leia os breves comentários logo a seguir

1. Eu domino o assunto para o qual fui convidado a falar?
    ( ) Sim   ( ) Não

2. Eu tenho disponibilidade de agenda para aceitar este convite?
    ( ) Sim   ( ) Não

3. Eu tenho disponibilidade de tempo e de recursos suficientes para preparar esta apresentação?
    ( ) Sim   ( ) Não

4. Eu sei o que eu quero que o público lembre de minha apresentação?
    ( ) Sim   ( ) Não

5. Eu sei o quanto as pessoas podem lembrar de minha apresentação?
    ( ) Sim   ( ) Não

6. O tempo que me foi reservado para apresentação é suficiente para que ela seja dinâmica e completa?
    ( ) Sim   ( ) Não

7. Se e quando for o caso, eu conheço a agenda do evento e os temas dos demais palestrantes a fim de não incorrer em sobreposição ou repetição de abordagens e exemplos?
    ( ) Sim   ( ) Não

8. Meus exemplos são claros?
( ) Sim ( ) Não

9. Eu posso realmente contribuir para o público a partir de minha apresentação e participação?
( ) Sim ( ) Não

10. Eu desejo sinceramente aceitar este convite?
( ) Sim ( ) Não

Os breves comentários

1. Eu domino o assunto para o qual fui convidado a falar?

Não cometa o pecado ou indelicadeza de aceitar um convite apenas para agradar quem lhe convidou, e tenha honestidade consigo mesmo para aceitar somente se dominar o assunto ou tiver tempo de preparar-se adequadamente.

2. Eu tenho disponibilidade de agenda para aceitar este convite?

Ótimo, ser convidado é uma honra e um prazer, mas você tem espaço em sua agenda ou vai dar um jeitinho depois? Algumas empresas divulgam a participação de palestrantes em seus eventos para seus públicos interno, externo e até mesmo em mídias de longo alcance. É muito frustrante para o público e para a organização quando participantes mandam avisar que não puderam comparecer, por mais compreensível que seja a justificativa. Exceto falecimentos e nascimentos – e só se você for o pai ou a mãe – a lista de desculpas é bastante restrita. Se você é dessas pessoas que precisa muito de desculpas e não é criativa ou criativo, mande-nos um e-mail e nós lhe enviaremos algumas bem originais e bastante críveis, mas continuam sendo apenas desculpas.

3. Eu tenho disponibilidade de tempo e de recursos suficientes para preparar esta apresentação?

Você domina o assunto, tem agenda disponível, mas não tem tempo para pesquisar e preparar uma apresentação de alto nível e grande impacto. Nem tudo está perdido, colaboradores pessoais, internos ou externos podem contribuir nessa tarefa. Na lista de colaboradores pessoais, alguém da família como marido, esposa, filhos entre outros, entram nessa lista pessoas de seu relacionamento pessoal; na lista de colaboradores internos entram os valiosos apoio em pesquisa e auxílio na realização proporcionados por secretárias, secretários e assistentes; e finalmente os colaboradores externos, empresas dedicadas a dar forma às suas idéias, produtoras de apresentações multimídia, que nos aliviam dessa tarefa e nos permitem dedicar nosso tempo para o que realmente conta em nossas apresentações: o conteúdo.

4. Eu sei o que eu quero que o público lembre de minha apresentação?

Qual o ponto central e principal de sua apresentação que você quer que o público lembre cada vez que se recordar do evento ou de você? É nele que você deve concentrar suas ações no sentido da memorabilidade. Exemplos, dinâmicas, contextualizações devem privilegiar esse ponto e o reforço e resgate de sua apreensão devem, sempre que possível, ser trabalhados ainda mesmo durante sua apresentação. Por exemplo, se quer que o público que veio ver você falar sobre a difração da luz branca no espectro de cores visíveis ao passar por um prisma, invente ou procure uma música que trate disso; toque a música, distribua ou exiba a letra na tela, convide o público a cantar com você.

5. Eu sei o quanto as pessoas podem lembrar de minha apresentação?

Seja realista quanto às suas metas: é quase impossível decorar a tabela logarítmica ou a capital de todos os países do planeta, mas dá para lembrar os afluentes do rio Amazonas; ah, é muito?, está bem, os afluentes da margem esquerda, então, isso basta para você? Se basta e se for suficiente para o público, é nisso que você deve trabalhar, mas informe o caminho sobre como e onde obter mais dados e informações para aquelas pessoas que desejarem se aprofundar mais no assunto.

6. O tempo que me foi reservado para apresentação é suficiente para que ela seja dinâmica e completa?

Você foi convidado para falar sobre a trajetória da vida humana desde a pré-história até hoje, tenha certeza de uma coisa, não vai dar tempo. Mas quanto tempo era? Não sei, mas não vai dar tempo. Ao receber um convite e ser informado sobre o tema faça imediatamente uma avaliação de quanto tempo precisa e como vai adequá-lo ao tempo disponível. Divida a abordagem na linha de tempo disponível e siga à risca seu plano. Faça um treino antes medindo o tempo. Ajuste e finalize sua apresentação. Por mais que isso represente – e sempre vai representar – um sacrifício terrível, abra mão de fazer uma abordagem completa quando for necessário. Nessas ocasiões, equilibre suas informações da melhor maneira que puder, dosando abrangência e aprofundamento, e se isso fizer sentir-se melhor disponibilize mais informações em meio eletrônico, como e-mail, sites, blogs ou outros modelos que cumpram essa função.

7. Se e quando for o caso, eu conheço a agenda do evento e os temas dos demais palestrantes a fim de não incorrer em sobreposição ou repetição de abordagens e exemplos?

É muito ruim apresentar um exemplo que o público já conheça, mas há coisas piores: o exemplo foi mostrado logo antes do seu, na apresentação que lhe antecedeu e na qual você não estava presente, pois chegou ainda há pouco. A disponibilização de material na Internet provocou o acesso instantâneo a uma ampla variedade de imagens (fotos e ilustrações), sons, animações e filmes. A troca de arquivos via e-mail permite que mesmo os menos curiosos na busca tenham acesso a esses arquivos quando os recebem em suas caixas postais. Não é difícil acontecer numa apresentação você exibir um exemplo nessa categoria e alguém rapidamente se apressar em contar o truque na imagem, ou o final do filme, comprometendo a sua maneira de apresentar.

Contra isso há pouca coisa que se possa fazer, sem cometer uma indelicadeza com o público; nossa sugestão é: tenha sempre um plano B. Se alguém contar o final do filme, rebata dizendo, por exemplo, "perfeito, nós havíamos combinado de ele contar o final do filme, caso vocês não rissem da imagem anterior; agora queremos uma participação mais ativa de vocês". Outra opção é ter uma proposta para o fim do filme, diferente ou inesperada pelo público e se for preciso, usar esta abordagem. Finalmente, tenha um filme reserva e justifique "como eu imaginei que vocês já conhecessem esse filme, trouxe mais um para reforçar o que eu quero dizer". Obviamente mais alguém conhece o filme dois e aí entra sua criatividade em fazer o gancho correto, e exaltar o alto grau de informação da platéia, o que só agrega sua participação.

8. Meus exemplos são claros?

Você já sabe que não deve abusar da quantidade de exemplos, sabe que eles devem ser originais na medida do possível e deve saber que eles devem ter conexão óbvia, ou original, porém pertinente com o tema que você está abordando. Falar da origem do sistema tipográfico de Guttenberg e exibir um trecho do filme ou do livro "O Nome da Rosa" é altamente adequado; da mesma maneira e para o mesmo tema utilizar o contexto histórico e econômico do pré-mercantilismo ou da expansão colonialista e das grandes descobertas do século XV; também é bem-vinda uma abordagem baseada nos movimentos grafiteiros dos anos 1970. No entanto, exibir um comercial de preservativos nessa mesma apresentação pode apenas servir para divertir o público, mas vai desperdiçar uma parte valiosa de seu tempo e provavelmente acrescentará nada ao tema abordado.

9. Eu posso realmente contribuir para o público a partir de minha apresentação e participação?

Como já dissemos antes, o tempo das pessoas é valioso. Quantas pessoas de uma platéia prefeririam estar com suas famílias, com amigos ou fazendo coisas mais importantes, úteis ou agradáveis do que estar diante de uma apresentação e uma apresentadora ou apresentador que têm pouco ou nada a dizer ou com o que contribuir para a formação pessoal ou profissional?

Se você tem algo a dizer, diga. Se tem algo a provar, prove. Se tem como contribuir, contribua. Deixe uma marca positiva indelevelmente impressa na memória de cada pessoa que vier assistir a uma apresentação sua. Não são todas as pessoas que têm essa oportunidade; se você é uma delas, aproveite; se você é uma delas, faça diferente, faça diferença e valorize essa sua qualidade.

10. Eu desejo sinceramente aceitar este convite?

Essa pergunta deveria vir no início da lista, mas muita gente que pudesse responder **Não** ainda muda de idéia depois de avaliar e responder as nove anteriores.

Da mesma maneira mudariam de idéia muitos apresentadores e apresentadoras que aceitam um convite apenas por aceitar, sem levar em conta essas mesmas nove questões.

Seja muito sincero e honesto consigo mesmo na hora de responder a essa pergunta, em seguida, reveja as nove anteriores e decida se aceita ou não o convite. Sem dúvida você vai tomar a decisão mais correta, e de uma forma ou de outra, seja muito feliz com sua opção, afinal é apenas uma opção que se refere a uma única apresentação e suas convicções estão muito acima disso tudo.

Nossa recomendação é apenas aceite e comece a preparar uma apresentação, se tiver certeza absoluta de que pode responder **Sim** para todas essas dez perguntas. Se foi seu caso, vá em frente e depois compartilhe conosco seus casos de sucesso.

As palavras

— Meu avô me mostrou uma carta; você sabe o que é uma carta? Pergunta uma menina de sete anos ao seu amigo com a mesma idade.
— Não, o que é uma carta?
— Um e-mail escrito à mão.
Contaram para nós como se fosse verdade.

Dizem que há três coisas que não se pode fazer voltar atrás: a flecha lançada, o tempo perdido e a palavra dita. Sem dúvida há muitas mais coisas, mas para ficar no âmbito do ditado popular, talvez a flecha represente muitas, senão todas, as outras coisas que nos lembramos agora, mas o tempo é decididamente implacável e contra o efeito das palavras ditas poucas coisas são possíveis de fazer para remediar ou corrigir uma frase mal colocada.

O estilo de cada apresentador é sua marca registrada, e muitas vezes é o que decide na hora da escolha de um em especial, em detrimento dos demais. Aquele que usa gírias, aquela que fala de moda, aqueles que se apresentam tocando instrumentos, aqueles que exibem-se tecnologicamente, os performáticos e por aí vão muitos outros exemplos.

Por outro lado, muitas apresentadoras e apresentadores ficam fora da lista por conta de pequenos deslizes, como excessivo gerundismo (vou estar fazendo), uso de palavras de baixo calão ou inadequadas ao público (uso de termos explícitos para explicar educação sexual a uma platéia com idade inferior a 8 anos ou superior a 70), abusos gramaticais simples (para mim fazer) ou menos simples (uma discussão entre eu e você), desconhecimento do léxico e discordância de gênero, número ou grau (menas gente foram ao evento).

Em nossas dinâmicas de apresentação tivemos muitas e ricas oportunidades de interagir com públicos mais jovens, de cursos de ensino fundamental, médio, universitário e de quarto grau. Nessas oportunidades e em todos os casos sem exceção foi comum observar os jovens reclamando que a língua portuguesa é muito complicada. Nós não acreditamos que seja e para ninguém deveria ser.

A língua portuguesa é rica, flexiona seus verbos, proporcionando uma admirável qualidade sonora, quase cantada, que deve ser muito bem aproveitada nas apresentações que você vier a fazer. Para que as pessoas descubram e compartilhem essa riqueza, talvez falte dar ao ensino da língua portuguesa o devido valor, atenção e o desenho de um modelo de ensino-aprendizagem mais atraente para os primeiros anos do ensino fundamental. Muito provavelmente também falte à grande maioria dos pais e mães critério no momento de ameaçar seus filhos "se você não ficar quieto agora, vai para o quarto fazer lição". Só falta dizer "larga o pescoço do seu irmão, come a beterraba, senão vai ler Machado de Assis agora mesmo". Não, não ria porque a coisa é bem pior do que parece. Quantas pessoas você conhece que não suportam a leitura de nossos autores clássicos porque foram obrigados a fazê-la na infância, na hora errada?

No entanto, nossa contribuição nesse processo, que padece de falhas estruturais que não cabe aqui julgar, mas ficar atento e cobrar nos devidos momento e foro, deve ser o de insistir no uso correto e elegante da língua, da sintaxe e do léxico, sem exageros, e convidando sempre à reflexão.

Justificando essa volta toda, a Carla e eu já fomos questionados em algumas apresentações sobre a escolha de certas palavras ou construções de frases supostamente pretensiosas, quando não se tratava realmente disso, e quem conhece nosso estilo de apresentação sabe muito bem que ele não é assim. Utilizávamos palavras corriqueiras, de uso comum e eventualmente uma construção levemente mais elaborada, mas nada que pudesse interferir na compreensão dos temas abordados.

No entanto, a simplificação da linguagem nos meios de comunicação e na Internet, bem como o uso limitado de vocabulário em muitas canções moldadas para sucesso instantâneo, promoveram a acomodação de uma grande parte dos ouvintes, no sentido de não se esforçarem diante de certas situações – palavras ou frases – com as quais não estejam habituados. Infelizmente nessa grande parte concentra-se um número significativo de jovens que são expostos a esse tipo de estímulo, sem a devida provocação, motivação ou incentivo para o questionamento e a construção do pensamento crítico.

Mesmo numa era eletrônica, ainda são as palavras que vivem em nossas mentes. Sua escolha e construções por parte de apresentadores e apresentadoras requer muito critério, análise e aproximação com o público a que se destina, para encontrar as palavras certas e construir uma fala efetiva e um tipo de linguagem apropriada para ele. Uma fala inesquecível exige pesquisa e planejamento. Vai falar para jovens? Ouça as músicas que eles ouvem, leia as revistas que eles lêem, e aproxime-se um pouco de seu universo. Para executivos ocupados as palavras devem ser desafiadoras, rápidas e atraentes. Não desperdice nenhum tempo tentando uma conexão rápida, clara e simples com o público. Encontre algo em comum entre seus ouvintes e conduza sua apresentação com base nisso. Não conhecer seu público é como ir fantasiado de galinha para fazer uma apresentação e descobrir somente quando subir ao palco que a platéia é composta por raposas.

Ainda nesse item da escolha das palavras, frases de efeito funcionam bastante bem, mas muito cuidado com o uso exagerado e com as frases já muito utilizadas e que servem para agradar a todo o tipo de público; estas tendem a confundir-se com o contexto em que foram apresentadas antes.

Algumas frases de efeito, mas já um pouco desgastadas, ouvidas em apresentações recentes:
1. Martin Luther King Júnior:
"Eu tenho um sonho".
2. Franklin Delano Roosevelt:
"A única coisa para temer é a si mesmo".
3. John F. Kennedy:
"Não pergunte o que seu país pode fazer para você, mas o que você pode fazer para o seu país".
4. Abraão Lincoln:
"Nós podemos dedicar, nós podemos consagrar, nós podemos consagrar este chão".

Fuja das fórmulas óbvias de sucesso. Um público mais exigente não hesitará em apontar essa deficiência nos formulários de avaliação de sua apresentação. Como na vida pessoal e corporativa, surpreenda sempre. Procure lembrar-se de frases de efeito que você ouviu ou leu, selecione as que você pode encaixar em suas apresentações, e jamais esqueça-se de citar o autor. Há muita informação disponível em livros e em sites da Internet. A série Citações do publicitário Roberto Duailibi, o D da DPZ, uma das agências de publicidade mais simpáticas do Brasil, reúne milhares de frases para todo o tipo de exemplo que você precisar.

Fale com confiança e poder: prepare-se, relaxe, seja positivo

Prepare-se. Todos nós ouvimos a todo instante muitas dicas sobre como nos prepararmos para falar em público, que normalmente são muito boas para se seguir. Mas são tantas e tão variadas, que não dá mesmo para lembrar de todas, nem mesmo da metade delas. Mas alguns outros passos preparatórios importantes incluem praticar a pronúncia de palavras e nomes difíceis, confirmar fatos e figuras e cortar material que não é vital para a mensagem principal da fala.

Relaxe. Ande devagar para superar o susto e a ansiedade de falar em público, se por acaso isso ainda lhe ocorre. Caso seja, pratique gradativamente falando num quarto vazio, e então passe para públicos pequenos, mais seguros, como membros da família, colegas de trabalho e grupos de amigos. Quando praticar, grave para escutar e corrigir quaisquer erros gramaticais ou palavras para as quais não tem boa dicção. O vídeo serve para observar sua postura, para assegurar que você não está fazendo qualquer gesto de maneira distraída e observar seus movimentos com o corpo. Por último, determine o que motiva o seu público. Você poderá combinar sua mensagem com os interesses de seu público e ele será mais receptivo a você.

Seja positivo. Sua atitude ajuda a determinar o quão bem o público receberá sua mensagem. A maioria do público quer que você tenha sucesso e seja você mesmo; a sinceridade e o entusiasmo freqüentemente prevalecem sobre uma falta de experiência de falar. Para ficar tranqüilo, visualize-se dando uma palestra bem-sucedida. E lembre-se de que o público está presente em sua apresentação porque está interessado no assunto.

As recompensas de falar em público

"Um bom discurso é a melhor e mais barata ferramenta de marketing e de relações públicas que qualquer organização pode ter", afirma a autora Joan Detz em seu livro "How to write and give a speech". Na empresa, você pode fazer de 50 a 100 telefonemas num dia. Pode não fazer nenhuma venda hoje, mas pode vender você mesmo e sua empresa, serviço ou produto para um cliente futuro, um membro, ou dois, do público durante uma apresentação que faça.

Uma obrigação por trás de toda fala ou apresentação de vendas é a construção de uma sólida e consistente rede de relacionamentos. Troque cartões de visitas e mantenha o contato com o público, por meio de um telefonema, troca de e-mails e até mesmo uma carta. Em especial, no caso dos cartões de visitas, uma recomendação bastante sincera: não distribua cartões de visita produzidos em impressoras de mesa, como jatos de tinta, laser ou outra tecnologia que não seja offset. Além da baixa qualidade de impressão e de definição de imagens e das letras com corpo inferior a 10, por se tratar de impressoras não industriais, isso demonstra total descuido com a própria imagem, algo como apresentar-se com o paletó amarrotado, ou a meia fina desfiada.

Cartões impressos em offset são muito rápidos de produzir e considerando os ainda elevados valores dos cartuchos de tinta de impressoras caseiras, o custo é quase o mesmo, para uma qualidade muito superior.

Agora, se não tiver mesmo outra saída, você esqueceu ou a gráfica não entregou no prazo, compre cartões em branco, anote seu nome e telefone à mão e comprometa-se a enviar seu cartão tão logo fique pronto. Cumpra sua promessa.

Parte 3:
Princípios e fatos

"Não se fala de corda em casa de enforcado"
ditado popular

Princípios e fatos

Falar em público não é necessariamente estressante, mas a maior parte de nós aprendeu que falar em público é ou deveria ser assim. Para lidar com qualquer tipo de tensão de maneira eficaz, você primeiro deve entender que nada precisa ser estressante. Milhares de pessoas aprenderam a falar na frente de grupos com pouca ou nenhuma tensão. Muitas dessas pessoas estavam inicialmente apavoradas ao falar em público. Seus joelhos tremiam e vozes tremiam, seus pensamentos se tornavam confusos. Mesmo elas aprenderam a eliminar seu medo de falar em público. Qualquer pessoa pode dominar o medo de falar em público. Acredite, não é difícil. Você só precisa seguir os princípios certos, ser compreensivo e ter um plano de ação para fazer dessa meta uma realidade.

Algumas pesquisas das que todo mundo já ouviu falar concluíram que a grande maioria das pessoas têm mais medo de falar em público do que de morrer, provavelmente pelo exato motivo de que todas essas pessoas já passaram pela experiência de falar em público e foi muito ruim, mas nenhuma delas morreu e veio dizer se é pior ou não. Pesquisas apontam caminhos, mas a verdade dos por trás dos fatos é resultado antes de tudo de uma análise mais profunda, se não fosse assim, deveríamos repetir os hábitos nada saudáveis de algumas centenas de quatrilhões de moscas no planeta inteiro, só porque representam a maioria. Não é o caso. Apesar disso, as pessoas continuam com medo, com frio na espinha ou na barriga, com a boca seca, suor excessivo, uma vontade danada de urinar, entre outras reações do organismo, quando o assunto é falar em público.

Quer saber de uma coisa? Nada mais natural. Você se lembra de sua primeira visita ao zoológico? Lembra-se de como foi viajar de avião? Lembra-se da sensação de seu primeiro passeio na montanha russa? Essa sensação mudou muito quando você voltou no mês passado? Pois então, mesmo assim você voltou e divertiu-se, não foi? E até já planeja o próximo passeio.

Se servir de consolo, você corre menos riscos falando em público que andando na montanha russa ou até mesmo andando a pé na rua. Como nós podemos afirmar isso com tanta convicção? Simples, baseados nas mesmas pesquisas que informam que mais pessoas são atacadas por rinocerontes do que por tubarões no planeta, mas mesmo assim você não tinha tanto medo assim de rinocerontes, certo? Quer dizer, pelo menos até ainda há pouco.

Para que você supere naturalmente esse medo, repetimos, se for o seu caso, listamos abaixo alguns dos principais princípios que pudemos observar ao longo de nossas apresentações e das apresentações que assistimos, seguidas de um rápido comentário acerca de cada um deles.

Princípio 1: os apresentadores bem-sucedidos têm voz natural ao falar.
Comentário: os melhores apresentadores são aqueles que se conectam com o público sendo eles mesmos ao falar, sendo naturais e fluentes. Fale como se você

estivesse conversando com cada membro do público, use o olhar, o sorriso e o objetivo da sua mensagem para fazer uma conexão estreitamente pessoal.

Princípio 2: bons apresentadores não têm medo de falar.

Comentário: Todo apresentador, experiente ou não, sente ansiedade antes de uma apresentação. A ansiedade pode ser reduzida por técnicas de relaxamento, como respiração profunda e outras apresentadas na parte 2 desse livro. E acredite, se você não sentir nada ao apresentar-se, provavelmente não valerá a pena essa apresentação, nem para você e principalmente nem para o público.

Princípio 3: começar a sua apresentação com uma piada levanta o público.

Comentário: o humor é um componente importante de qualquer fala, mas ele deve ter relevância para o tópico em discussão. O risco é o público levantar-se mesmo e ir embora caso sua apresentação seja apenas engraçadinha. Esse item foi abordado com mais detalhes no Mito 8: Comece com uma piada, na parte 1 do livro.

Princípio 4: apresentadores experientes usam anotações.

Comentário: apresentadores experientes procuram formas para usar anotações sem se distrair de sua mensagem. Em seus impressos, condensam suas observações em forma de esboço e, então, criam um segundo esboço de palavras-chave que farão lembrar dos conceitos. Outras formas de anotações podem ser mapas mentais e até mesmo as próprias telas de sua apresentação.

Princípio 5: bons apresentadores são espontâneos.
Comentário: os bons apresentadores ensaiam suas apresentações. A prática é essencial em tudo o que você faz na vida. Bons atletas obtêm boas marcas e performances devido a intenso treino e dedicação. Quanto mais familiarizado você está com o seu material, mais as palavras fluirão com paixão. Quanto mais confortável você se sente com suas palavras, mais naturalmente você se apresenta.

Princípio 6: as perguntas devem ser feitas somente ao final da apresentação
Comentário: uma apresentação é um canal de comunicação dinâmico, de mão dupla e como tal deve abrir um espaço para que o público interaja com apresentadores e apresentadoras. A menos que tenha sido estabelecida uma condição específica que determine em que momento e de que forma as perguntas devem ser encaminhadas, ao se apresentar você pode e deve deixar claro para o público como pretende interagir, ou seja, aceitando intervenções ao longo da apresentação, ao final com a solicitação da palavra ou enviando as questões por escrito durante sua fala, para que sejam classificadas por assunto e respondidas ao final. Você deve aceitar perguntas durante sua apresentação, apenas se sentir-se bastante confiante a ponto de a interrupção não interferir no ritmo da apresentação e também se não torná-la monótona, pois aberto o canal, existe a possibilidade de polarização em torno de uma questão específica, ou de perguntas retóricas, que depois de lançadas devem necessariamente ser respondidas.

Princípio 7: cada tela de sua apresentação dura entre 2 e três minutos
Comentário: essa regra na verdade é apenas um balizador de tempo. Se você tem uma hora para apresentar-se, calcule em torno de 20 a 30 telas, mas isso não deve engessar sua apresentação. Já assistimos apresentações com esse período de tempo, feitas com apenas 4 slides, bem como com mais de 60. Um slide por minuto? A quantidade de telas é definida pela dinâmica de sua apresentação. Fotos ou ilustrações por exemplo, podem requerer um tempo maior quando se tratar de uma análise de detalhes, ou um tempo menor se for apenas uma seqüência ilustrando etapas de um processo de construção de um edifício, por exemplo. Por isso é tão importante que você treine sua apresentação cronometrando o tempo e ajustando-a ao que tem disponível. Vale a pena calcular uma folga de cerca de 10 minutos, esse tempo muitas vezes é ocupado pela organização do evento para que o apresentem ao público, para recados diversos ou até mesmo para você aprofundar um pouco mais um tema que tenha despertado especial interesse na platéia.

Princípio 8: chegue sempre 40 minutos antes de sua apresentação no local do evento.
Comentário: não sabemos quem definiu esse tempo e porque, mas uma coisa é certa, chegue com alguma antecedência, para instalar-se confortavelmente, testar equipamentos e os arquivos que porventura tenha trazido consigo para exibir em um computador, para eventual cadastramento, para cumprimentar pessoas conhecidas que devem aproximar-se de você e, especialmente, para relaxar e concentrar-se para

sua apresentação. Na maioria das vezes há um local reservado para isso, onde são servidos água, café e algum alimento leve.

Princípio 9: tome um café antes de sua apresentação para ficar estimulado.

Comentário: você já está sob efeito de uma leve descarga de adrenalina, o que é muito natural antes de uma apresentação. Qualquer outro estímulo é desnecessário, mas se você gosta de um cafezinho, por que não? Mas lembre-se que o cafezinho pode fazer sua boca ficar seca por conta do açúcar. A água gelada pode deixar você sob efeito desagradável do pigarro, lanchinhos e docinhos logo antes de apresentar-se também podem ter efeito em sua boca e garganta. Não vai acontecer nada de mais sério, nem desagradável, apenas alguns pequenos e desconfortáveis detalhes que você não precisa ter que administrar nessa hora. É óbvio que se você viajou por três horas e não alimentou-se, também pode sofrer o efeito de uma hipoglicemia durante sua apresentação, então nesse caso, tome um cafezinho, experimente um salgado ou um doce e tome um copo com água preferencialmente não gelada. Mas atenção, feijoada completa ou churrasco com vinho antes de sua apresentação, não mesmo.

Princípio 10: xi, você errou ou chegou atrasado, então desculpe-se.

Comentário: claro, desculpe-se mesmo, mas uma única e breve vez e não mais que isso. A importância de sua apresentação, bem como a sua pessoal, ficam muito diminuídas quando você assume uma postura exageradamente humilde e fica insistentemente se desculpando a cada 3 minutos. Se as pessoas já esqueceram e estão imersas em sua apresentação, não é necessário lembrar seu atraso ou um engano.

Não é pecado atrasar-se ou cometer um engano durante uma apresentação. Pode ser, isso sim, deselegante ou dar a impressão de despreparo. Ao detectar um engano, imediatamente aponte-o você mesmo, caso alguém da audiência já não o tenha feito, e corrija, desculpando-se apenas se for necessário, quando por exemplo, tratar-se do nome de alguém presente, ou o nome da cidade onde você está se apresentando.

Se chegou atrasado, apenas desculpe-se brevemente em sinal de respeito ao público, mas não tente justificar-se, ou pelo menos não o faça de modo a que sintam pena de você. Um navio viking atravessado na única rodovia de acesso à cidade ou a tentativa frustrada de abdução feita contra você por seres de outro planeta são eventos justificáveis; trânsito, outro compromisso já não são mais desculpa, aliás, você conhece muito bem o trânsito das cidades e não é apenas nas grandes que isso ocorre; vai apresentar-se, procure sair com a antecedência necessária e informe-se bastante bem e com detalhes de como chegar, por qual portaria entrar e para onde dirigir-se; melhor ainda solicite os telefones e nomes de pessoas a quem você pode recorrer numa eventual necessidade de pedido de informação.

Princípio 11: leia a mente das pessoas da platéia.
Comentário: não tente adivinhar o que as pessoas estão pensando, não conhecemos de fato quem tenha

obtido pleno sucesso nessa tentativa. Se desconfiar de que alguém não está gostando do que você está dizendo, você pode até o abordar, dando-lhe a chance de dizer o que pensa. Essa pode ser a opinião de mais pessoas e, assim, você poderá conduzir a sua palestra de uma outra forma, se achar necessário. Mas somente faça isso se sentir-se muito à vontade. Passeie com o seu olhar pelo público todo e dê a ele a chance de participar daquilo que está dizendo.

Não exclua do seu campo de visão aqueles que não estão sorrindo, ou estão com "cara de poucos amigos". Eles fazem parte do seu público e devem ser conquistados e não afastados. Você deve relaxar e apreciar aquilo que o público está expressando Com isso, as suas percepções começam a mudar. Muitas vezes, você nota que os membros do público, que pareciam tão hostis, podem apenas estar nervosos, tímidos ou concentrados. Em vez de percebê-los pela sua facilidade com o tema, passará a percebê-los pela facilidade deles.

Princípio 12: você não tem de ser brilhante ou perfeito para ter sucesso

Comentário: muitos de nós observamos apresentadores e pensamos "Uau, eu bem que podia ser tão esperto, tranqüilo, engenhoso e polido". Bem, nós temos uma novidade para você: Você não tem de ser brilhante, engenhoso ou perfeito para ter sucesso. Não é disso que se trata falar bem em público. Nós sabemos que você pode ver dessa forma, mas não é assim. Você pode ser médio. Você pode estar abaixo da média. Você pode cometer enganos, ter língua presa ou esquecer segmentos inteiros de sua conversa. Você pode até não dizer nenhuma coisa engraçada e ainda ser bem-sucedido. Isso tudo depende de como você e seu público definem "sucesso."

Acredite, seu público não espera perfeição. Nós pensávamos que a maioria do público esperava por isso, mas estávamos errados. Antes de descobrirmos isso, costumávamos colocar uma pressão incrível em nós mesmos para entregar uma apresentação perfeita. Trabalhávamos por dias para preparar uma conversa. Ficávamos acordados noites nos preocupando em não cometer enganos. E você sabe o que aconteceu? Tudo isso nos fez ficar mais ansiosos.

A essência de falar em público é essa: dê a seu público algo de valor. Se os membros do seu público forem embora com algo, qualquer coisa de valor, eles o considerarão um sucesso. Se eles forem embora se sentindo melhor sobre eles mesmos, sentindo-se melhores em relação ao trabalho que eles têm de fazer, eles o considerarão um sucesso. Se eles forem embora se sentindo felizes ou entretidos, eles considerarão que o tempo deles com você valeu a pena. Ainda que você desmaie – mas por favor é apenas um exagero retórico –, tenha língua presa ou diga algo estúpido durante sua fala, ninguém vai verdadeiramente se importar. Desde que consigam algo de valor, então serão gratos.

Princípio 13: tudo o que você precisa é de dois ou três pontos principais.
Comentário: você não tem de entregar montanhas de fatos ou detalhes para dar ao seu público o que ele verdadeiramente quer. Muitos estudos mostraram que

as pessoas lembram muito pouco dos fatos ou de informações que os apresentadores expõem. Em vez de escolher incluir muitos fatos e informações, você precisa apenas de dois ou três pontos principais para ter sua apresentação bem-sucedida. Você pode até ter sua apresentação inteira sobre só um ponto-chave, se você desejar.

Lembre-se de que tudo o que o seu público quer de você é ir embora com um ou dois pontos-chave que farão diferença para eles. Se você estruturar suas conversas para entregar este resultado, você pode evitar muita complexidade que não é realmente necessária.

Princípio 14: você precisa de um propósito para a sua tarefa.
Comentário: esse princípio é muito importante. Um dos grandes enganos que as pessoas cometem é que, ao falar em público, elas têm o propósito errado em mente. Com freqüência, elas não têm nenhum propósito específico em mente, mas isso, inconscientemente, gera tensão e ansiedade desnecessária. Normalmente, consideramos, como propósito, que o público goste e nos aprove. Isso é um engano. Quando pensamos assim, temos a necessidade de ser perfeitos e brilhantes, pois só assim ganharemos aprovação unânime do público. E, se uma só pessoa se desinteressa, ou sai mais cedo, nos sentimos derrotados. Mas, se prestarmos atenção, quantos apresentadores conseguem 100% de aprovação do público? Nenhum. Não importa o quão bom seja o seu trabalho, alguém vai desaprovar você ou seu argumento. Faz parte da natureza humana.

Num grande grupo de pessoas, sempre existirá uma diversidade de opiniões, julgamentos e reações. Alguns serão positivos; outros serão negativos. Não existe nenhuma razão para isto. Se você fizer um trabalho perto do sofrível, ainda assim algumas pessoas simpatizarão com você e sentirão pena de você, enquanto outros o criticarão severamente. Se você fizer um trabalho fantástico, alguém se ressentirá de sua habilidade e poderá desaprová-lo. Algumas pessoas partirão cedo por causa de uma emergência. Alguns adormecerão porque passaram a noite toda cuidando de uma criança doente.

Então, é tolo e não realista tentar conquistar todo o seu público. Lembre-se de que a essência de falar em público serve para dar a seu público algo de valor. A palavra-chave aqui é "dar" e não "receber". O propósito de falar em público não é para você conseguir algo como fama, respeito, vendas, clientes, entre outros, de seu público mas, sim, para dar algo útil a ele. Se você cumprir sua parte, ganhará notoriedade, respeito, vendas e novos clientes, porém esse não deve ser seu propósito. Se o seu enfoque estiver em dar tanto quanto puder para seu público, então estará alinhado com a verdade sobre falar em público. Você também evitará umas das grandes armadilhas que as pessoas caem: a ansiedade ao falar em público.

Princípio 15: o melhor caminho para ter sucesso é não se considerar um apresentado.
Comentário: pode parecer paradoxal mas, o melhor caminho para ter sucesso como apresentador é não se considerar um apresentador. Muitos de nós temos

visões exageradas do que apresentadores bem-sucedidos fazem. Nós freqüentemente assumimos que para ser bem-sucedido, devemos nos esforçar mais e sermos muito duros conosco. Conseqüentemente, procuramos desesperadamente emular as características pessoais de outros apresentadores que nós, erradamente, cremos ser responsáveis por seu sucesso ao falar em público.

Em outras palavras, nós tentamos nos tornar alguém diferente de nós mesmos. Nós tentamos ser um apresentador, com base no que aquela imagem significa para nós. A verdade sobre falar em público é que a maioria dos apresentadores bem-sucedidos conseguiu isso fazendo apenas o oposto. Eles não tentaram ser como alguma outra pessoa. O segredo é que eles não tentaram se tornar apresentadores. Nós podemos fazer exatamente a mesma coisa. Não importa que tipo de pessoa sejamos ou que habilidades e talentos possuímos, nós podemos nos levantar e ser apenas nós mesmos.

Agora nós vamos falar em público. Por quê? Porque é um dos poucos momentos em que nos damos permissão para sermos completamente nós mesmos na presença de outros. Podemos ser corajosos, compassivos, tolos, informativos, úteis, engenhosos, qualquer coisa que queremos, qualquer coisa que nos pareça natural no momento. Como resultado, fazemos melhor contato com o público. Não paramos num assunto desinteressante. Somos vivos, energizados, e estamos completamente envolvidos em tudo que falamos e fazemos. Isso é outro presente que podemos dar ao nosso público.

Quando você realmente ficar bem em ser você mesmo na frente dos outros, você pode até pedir a palavra diante de um grupo que ainda não conhece completamente, sem qualquer idéia de como você vai conseguir conquistar o público através de seus dois ou três pontos principais. Às vezes é gostoso chegar até um grupo sem saber exatamente o que dizer. Mantendo o enfoque nos três pontos principais e lembrando de que estamos lá para dar às pessoas algo de valor. Em muitos momentos, dizemos coisas que nunca havíamos dito antes.

Se o seu público pede dicas de como falar em público, não tente explicar o modo como faz ou o modo como qualquer outro faz. Só diga que vá "armado" com razoável conhecimento e alguns pontos-chave, e seja ele mesmo. O restante vem com o tempo.

Princípio 16: quando falar em público, nada ruim pode lhe acontecer.
Comentário: uma coisa que aumenta o medo de falar em público é o temor que as pessoas têm de que algo horrível, terrível ou publicamente humilhante acontecerá a elas.

E se eu desmaiar de esgotamento nervoso? E se eu esquecer tudo o que eu tenho intenção de dizer? E se eu ficar de pé lá, totalmente mudo? E se o público me odiar e lançar coisas em mim? E se eles todos levantarem e forem embora depois dos primeiros dez minutos? E se eles fizerem perguntas ou comentários severos? E se alguém no público tentar colocar o grupo contra mim?

Isso poderia ser embaraçoso se acontecesse. Felizmente, a maioria dessas coisas não acontece.

A maior parte das coisas negativas que acontecem quando estamos falando pode ser contornado, mantendo-se este simples, mas poderoso, princípio em mente: tudo que acontece pode ser utilizado para a sua vantagem.

Se as pessoas levantam e começam a dirigir-se à porta, podemos parar o que estamos fazendo e pedir realimentação. Existia algo sobre meu tópico, meu estilo, ou minha maneira de apresentação que era ofensiva para eles? Eles estavam simplesmente na sala errada no começo e não sabiam disso? Alguém informou mal a eles sobre o que seria a minha apresentação?

Não importando o que eles dizem, só parando para lidar com esta situação honesta e humildemente, com freqüência marcará pontos com o público restante. Também nos dará a oportunidade de aprender como estamos afetando as pessoas e, então, podemos fazer as correções necessárias.

Ainda que as pessoas se retirem e se recusem a dar uma razão, pode-se em última instância achar caminhos para beneficiar-se dessa experiência. Nem que seja para usar na próxima apresentação: "Outro dia eu dei essa mesma palestra e o público saiu nos primeiros dez minutos. Vamos ver o que acontecerá hoje".

O mesmo serve para lidar com interrupções ou com perguntas grosseiras ou confrontacionais. Se você assumir que nada verdadeiramente ruim poderá acontecer quando você estiver falando em público, ficará pasmo o quão bem você pode se relacionar com esses eventos e com que freqüência você realmente pode usá-los para sua vantagem.

Uma vez que você use com sucesso esse princípio, sua ansiedade sobre falar em público irá embora quase completamente. Você saberá que pode lidar com quaisquer situações.

Princípio 17: você não tem de controlar o comportamento de seu público.
Comentário: para ter sucesso como apresentador, você não tem de controlar o comportamento de seu público. Existem certas coisas que você precisa controlar: seus próprios pensamentos, sua preparação, equipamentos entre outros. Mas uma coisa que você não tem de controlar é seu público.

Se as pessoas são irrequietas ou inquietas, não tente controlar isto. Se alguém estiver falando com um vizinho, ou lendo o jornal, ou adormecendo, deixe-o só. Se as pessoas parecem não prestar atenção, não se importe. A menos que alguém esteja atrapalhando intencionalmente, existe pouca coisa que você precisa controlar.

Princípio 18: em geral, quanto mais você prepara, pior você fará.
Comentário: é uma tolice pensar dessa forma, mas nós pensamos. A preparação é útil para qualquer aparição pública. Como você prepara, porém, e quanto tempo você precisa para dedicar a essa tarefa são coisas completamente diferentes.

Muitos dos erros estão nas estratégias de preparação das pessoas. Se você tiver o enfoque - o princípio - errado. Se você tentar fazer demais. Se você quiser que todo mundo aplauda sua apresentação. Se você temer que algo ruim poderá acontecer ou você cometerá um engano secundário. Então você pode facilmente dirigir a si mesmo como um louco tentando prever sua apresentação. Nestas instâncias, quanto mais esforço você faz, você provavelmente fará o pior.

Por outro lado, se você dominar o seu assunto, ou se você tiver falado sobre ele muitas vezes antes, você só terá necessidade de alguns minutos para se preparar. Tudo que você precisará para lembrar são dois ou três pontos-chave, junto com vários bons exemplos sustentando os fatos.

Excesso de preparação normalmente significa que você ou não sabe seu tema bem ou não se sente confiante em relação a sua habilidade de falar em público. No primeiro caso, você precisará fazer alguma pesquisa extra. No segundo, você precisará desenvolver confiança em sua habilidade natural de falar com sucesso. O único caminho para fazer isto é colocando-se sob o refletor, inúmeras vezes.

Saia e solicite oportunidades para falar em público. Se você tiver algo de valor para dizer aos outros, não hesite, vá e entregue o que tem de importante. Num instante, você ganha confiança. Você também começará a respeitar o natural apresentador de dentro de você.

Princípio 19: seu público quer verdadeiramente que você tenha sucesso

Comentário: o último princípio é para lembrar a você que seu público verdadeiramente quer que você tenha sucesso. A maior parte dele "morre de medo" de falar em público, como você. As pessoas reconhecem o risco de embaraço, humilhação e fracasso de se apresentar em público. Elas sentem pena de você e admiram sua coragem. E estarão ao seu lado, não importa o que aconteça.

Isto significa que a maioria do público verdadeiramente está perdoando. Enquanto um deslize da língua ou um engano de qualquer tipo poderia parecer um grande problema para você, não é muito significante ou importante para o seu público. As avaliações do público normalmente serão muito mais indulgentes que a sua. É útil, lembre-se disso, especialmente quando você pensar que se apresentou mal.

Conclusão ou Desafio?

"Falar é prata, calar é ouro"
ditado popular

No lugar da conclusão, nosso desafio para você

Falar em público é uma fonte de tensão para todo mundo. Não se assuste com o medo, porque isso ajuda a alimentar mais nervosismo.

Identificar esse sentimento e enfrentá-lo são as melhores formas de impedir que ele atrapalhe o seu desenvolvimento profissional. Imagine como é que um projeto pode ser aprovado, se você estiver tremendo na hora de apresentá-lo? Será que algum cliente deixou de comprar porque você não estava confiante ao expor seu produto? Tenha certeza de que, cada vez que você evitar aparecer, alguém estará fazendo o contrário. As chances de seu concorrente conquistar mais espaço são inquestionáveis.

Muitos de nós gostaríamos de evitar esse problema completamente, mas isso é difícil de fazer. Se nós trabalharmos sozinhos ou com números grandes de pessoas, eventualmente precisaremos falar em público. E se nós quisermos ser líderes ou alcançarmos quaisquer coisas significantes em nossas vidas, com freqüência precisaremos falar com grupos, grandes e pequenos, e sermos bem-sucedidos.

A verdade sobre falar em público é que não tem de ser estressante.

Se você entender corretamente as causas escondidas na tensão de falar em público, e se você mantiver só alguns princípios-chave em mente, falar em público logo se tornará uma experiência satisfatória para você.

Sempre saiba o que você vai falar. Seja você mesmo. Conheça o terreno em que vai pisar. Aprenda a se relacionar com o público. Seja breve.

Um caminho efetivo para o início, o meio e o fim de uma apresentação bem trabalhada é usar uma regra básica de comunicação:
- Informe sobre o que você vai falar.
- Fale exatamente o que prometeu falar.
- Faça um resumo do que falou.

Simples assim: no início, apresente o que está por vir. No meio, mostre a que veio. Ao final, resuma o que você disse.

O seu desafio agora para cada uma de suas próximas apresentações é cumprir sua missão de uma maneira sempre provocadora e surpreendente; surpreendente inclusive para você mesmo.

De nossa parte, vamos gostar muito de ser convidados para uma de suas próximas palestras. Envie o convite para han@massareto.com.

Obrigado por chegar conosco até aqui.

Carla Maria Massareto
Humberto Emílio Massareto
Dezembro de 2005

Bibliografia complementar

AGUIAR, Cláudio; CARMONA, Alfonso Ortega. **Oratória, a arte de falar em público.** Rio de Janeiro: Caliban, 2004.

BARBEIRO, Heródoto. **Falar para liderar: Um manual de mídia training.** São Paulo: Futura, 2003.

CUNHA, Abdon De Morais. **Técnicas de falar em público.** Goiânia: AB Editora, 2000.

BLOCH, Pedro. **Você quer falar melhor?** Rio de Janeiro: Revinter, 2004.

CASTELLIANO, Tânia. **Desperte! É tempo de falar em público.** Rio de Janeiro: Record, 1997.

CASTLE, Dennis. **Falar em público.** Lisboa: Presença, 1990.

FURINI, Isabel Florinda. **A arte de falar em público.** São Paulo: Ibrasa, 1999.

DAVIDSON, Jeff. **The complete guide to public speaking.** Nova York: John Wiley Trade, 2002.

DESBERG, Peter. **Mastering the art of public speaking: a practical approach to overcoming stagefright, skyness, and anxiety.** USA: Barness & Noble, 1999.

GOLEMAN, Daniel. **O poder da inteligência emocional.** Rio de Janeiro: Campus, 2002.

KAHN, John Ellison; SOUZA, Janderson Lemos De. **Escrever melhor e falar melhor, um guia completo.** Rio de Janeiro: Reader's Digest LV, 2003.

LEAL, José Carlos. **A arte de falar em público.** Rio de Janeiro: Impetus Elsevier, 2003.

LOBO, Nazildes Santos. **Falar em público.** São Paulo: Escuta, 2003.

LUCAS, Stephen E. **Art of public speaking.** Columbus: Mcgraw-Hill Professi, 2000.

MACHADO, Andréa Monteiro de Barros. **Você tem medo de falar em público.** São Paulo: Makron Books, 2001.

MARCON, Leoclides. **Falar em público.** Porto Alegre: CDP, 2003.

MENDES, Eunice. **Falar em público: Prazer ou ameaça.** Rio de Janeiro: Qualitymark, 1999.

NICHOLLS, Martin. **After dinner speeches.** Londres: Ward Lock, 1989.

O'BRIEN, Dominic. **Supermemoria! – falar em público.** São Paulo: Publifolha, 2005.

PAZ, Sebastião. **Como falar & escrever sem erros lógicos.** São Paulo: DPL, 2002.

PEEL, Malcolm. **Aprenda a falar em público.** São Paulo: Planeta Do Brasil, 2005.

PERBERTON, Maria. **Falar com eficácia.** Lisboa: Europa-América, 1992.

PIMENTEL, Carlos Alberto. **Falar é fácil.** Rio de Janeiro: Campus, 2005.

POLITO, Reinaldo. **Como falar corretamente e sem inibições.** São Paulo: Saraiva, 2002.

_____. **Superdicas para falar bem.** São Paulo: Saraiva, 2005.

_____. **Um jeito bom de falar bem, como vencer na comunicação.** São Paulo: Saraiva, 2001.

_____. **Vença o medo de falar em público.** São Paulo: Saraiva, 2005.

ROBBINS, H. A. **Como ouvir e falar com eficácia.** Rio de Janeio: Campus, 1994

_____. **Como ouvir e falar melhor.** Rio de Janeiro: Campus, 2004.

RUY, Telles. **A fácil arte de falar em público.** Rio de Janeiro: Ciência Moderna, 2003.

SMITH, Terry. **Making successful presentations: a self-teaching guide.** Nova York: John Wiley and Sons, 1991.

WRIGHT, C. W. **Aprenda a falar em público.** Rio de Janeiro: Record, 2005.

Impressão e Acabamento:
Gráfica e Editora Alaúde ltda.
R. Santo Irineu, 170 – SP – Fone: (11) 5575-4378

DVS Editora Ltda
www.dvseditora.com.br